Mlle E. TASSIN

CAHIERS

D'UNE

INFIRMIÈRE

PARIS

SOCIÉTÉ ANONYME DE L'IMPRIMERIE KUGELMANN

(L. Cadot, Directeur)

12, rue de la Grange-Batelière, 12

1914

Mlle E. TASSIN

CAHIERS

D'UNE

INFIRMIÈRE

PARIS

SOCIÉTÉ ANONYME DE L'IMPRIMERIE KUGELMANN

(L. Cadot, Directeur)

12, rue de la Grange-Batelière, 12

—

1914

CAHIERS

D'UNE

INFIRMIÈRE

Le départ est accompli... Je suis encore meurtrie de tous les arrachements qu'il comporte. Et pourtant, j'éprouve une sorte de soulagement devant l'irrévocable qui succède à toutes les angoissantes hésitations des dernières semaines qui viennent de passer.

Maintenant, je ne veux plus que regarder en avant et avoir confiance. Avant d'entreprendre ma tâche, — là-bas, — il faut que le voyage pour y atteindre soit comme une veillée d'armes où je rassemble toutes mes énergies dans le plein ressaisissement de moi-même.

Nous partons six infirmières et je suis privilégiée : celle qui est notre chef, notre infirmière-major, est une femme de vraie valeur que j'apprécie infiniment ; la compagne de ma première campagne au Maroc, m'est une amie chère ; deux autres sont de charmantes camarades et la seule inconnue m'a été immédiatement sympathique.

17 décembre.

En mer, depuis hier matin, sur la vaste mer indéfiniment bleu intense, sous un ciel bleu mourant exquis. Des mouettes nombreuses planent ; de temps en temps, des troupes de marsouins paraissent ; il y a des bondissements amusants ; un court miroitement d'acier en l'air ; un jaillissement d'écume un peu plus loin ; c'est un marsouin qui plonge, puis un autre, encore un, ainsi de suite pendant un bon moment. Puis il se passe des heures sans plus en voir.

Nous croisons deux navires importants ; nous apercevons quelques petites barques à voiles, puis voici la côte d'Espagne ; le cap Saint-Antoine d'abord et des escarpements ; des falaises à pic d'un ocre intense sous le ciel bleu si doux : des découpures, des anses, des rochers bizarres, et, en deuxième et troisième plans, des chaînes montagneuses très découpées, importantes, se profilant un peu en ombres chinoises, surtout à la tombée du jour, sous les feux embrasés du couchant. Vision de beauté !

Le *Doukkala* est un excellent bâtiment ; il marche bien, avec un balancement très doux à peine perceptible. Nous passons notre journée sur le pont, dans une béatitude qui n'est pas sans volupté : exquise détente avant les fatigues inévitables du voyage par terre.

18 décembre.

La côte marocaine ! Elle émerge d'une pe-
tirte brume vaporeuse qui se dissipe peu à
peu en même temps que le soleil monte, que
le ciel reprend sa sérénité bleue. Et voici
Tanger la blanche, assez pittoresquement
posée, riante en son ensemble, malgré les
débris de ses vieux remparts à créneaux
accompagnés de tours qui lui donnent son
cachet de vieille Afrique.

Nous descendons à terre pour visiter la
ville grouillante d'indigènes bien drapés
dans des haillons multicolores aux tons
chauds sous la lumière crue du glorieux soleil africain.

Une série d'étroites rues grimpantes, très
sales, très puantes, mais offrant pourtant
des tableaux pleins de charme, de poésie.
De la Casbah, tout en haut, une vue superbe
sur tout le pays et la mer, et, émanant de
partout, ce relent spécial aux villes musul-
manes, à la fois âcre et fade, que nous sen-
tirons aussi longtemps que nous serons au
Maroc.

Impression de coupure très nette ; la
France est loin déjà..

A six heures, nous regagnons le *Doukkala*.

19 décembre.

Notre dernière nuit en mer est dure pour
les estomacs émotifs, mais le mien ne se
trouble pas et je suis parfaitement calme
pour le débarquement à Casablanca, à neuf

heures. Tout se passe au mieux, malgré la fameuse barre.

Comme nous étions déjà près d'arriver, notre barcasse en a croisé une autre qui s'en allait au large, portant deux longs colis. Notre pilote, debout, s'est découvert, disant : « Voilà des morts qui passent ! » Nous avons su que ces deux cercueils étaient ceux des malheureux M. et Mme Bringaut.

Sur le quai, quel pullulement, quel tumulte, quel désarroi pour les bagages ! Notre responsabilité commence ; il faut se débrouiller, agir, prévoir, réunir les quatre-vingt-huit colis qui nous ont été confiés et parmi lesquels nos bagages personnels entrent pour si peu. Réception très gracieuse de nos sœurs en la Croix-Rouge, « les Femmes de France », dont une équipe de six infirmières, comme la nôtre, occupe le poste de Casablanca. Nous sommes accueillies sous le toit qui leur est affecté par le service de santé : une pittoresque maison marocaine, en pleine ville, et nous partageons leurs repas à l'hôpital, qui paraît très important et heureusement situé.

20 décembre.

Casablanca est considérable, mais sans originalité. Ses maisons, d'un blanc aveuglant, sont sans cachet ; les rues sont sales, puantes ; le sol est effroyable pour les pieds. Mais il y a partout un grouillement humain incessant, une activité intense ; le quartier commercial offre déjà quelques ressources ; de tous les côtés des constructions nouvelles s'élèvent ; la ville s'agrandit ; on la sent appelée à un important développement. Si le port devenait plus accessible !... La mer y est très méchante parfois, souvent. La rade est assez peuplée de beaux bâtiments. Nous avons fait une émouvante visite au petit cimetière militaire français, très fleuri, fort bien entretenu. Quelle pitié étreint le cœur devant toutes ces tombes de jeunes ! De croix en croix, on lit : vingt-cinq ans, vingt-trois ans, vingt ans !...

Au centre du cimetière, une chapelle ardente avec tous les cercueils qui attendent le retour en France. Les noms des familles sont sur les funèbres colis ; le drapeau de la Patrie, voilé de crêpe, flotte au-dessus ; des torches flambent, une croix haut placée domine tout, une branche de fleurs est posée sur chaque cercueil et, devant tous ces morts que n'ont pas encore ceux qui les pleurent, on éprouve un respect attendri et l'on sent aussi que tous ces sacrifices ne peuvent être vains, qu'ils sont comme une semence bénie qui produira des énergies nouvelles, qui fera lever d'autres vaillants pour honorer la France...

.   .   .   .

Nous hâtons nos préparatifs le plus possible. Nous voudrions être déjà sur notre champ de travail.

23 décembre, Rabat.

Nous avons mis neuf heures pour venir de Casablanca ici, en petit Decauville.

Route des plus monotones ; le « bled » indéfiniment, mais suivant à peu près la mer, toujours admirable. La ville paraît assez curieuse, bien située, dominée par la magnifique tour Hassan qui, quoique beaucoup plus majestueuse, me rappelle celle des belles et poétiques ruines de Mansourah. Dans les rues, comme à Casablanca, impression de vie intensive, d'afflux de trafiquants de toutes sortes.

La Casbah est à part de ce tumulte. Là, nous nous sentons en Islam, loin des agitations, des bruits du monde moderne ; les rares passants, dans leurs vêtements de laine flottants s'en vont impassibles, de l'allure lente et solennelle de gens emmurés dans leur rêve intérieur.

Nous voyons l'embouchure du Bou Reghreb, qui se jette dans l'Océan, séparant Rabat de Salé (Sla en arabe), cité sainte, asile de beaucoup de lettrés, paraît-il.

Ici encore, les « Femmes de France » nous accueillent de la meilleure grâce du monde, en l'hôpital même, cette fois, très en dehors de la ville, dans une situation merveilleuse, sur la hauteur dominant la mer, qui là, sur les rochers énormes, vient se briser en vagues immenses mousseuses, rejaillissant en gerbes étincelantes.

Quel emplacement judicieusement choisi pour un hôpital ! comme les malades doivent y être bien !

25 décembre.

' Noël ! Sous la tente, cinq heures du soir. Nous avons quitté Rabat ce matin, à cinq heures et demie. La nuit dernière, sous la plus belle voûte étoilée qui se puisse voir nous avons pu aller à la messe de minuit dans une petite chapelle de bois construite non loin de l'hôpital.

C'était la première messe qui y était dite, par un brave Père franciscain, aumônier de l'armée et de l'hôpital de Rabat, qui, tout ému, a fait un petit discours très simple où éclatait la joie légitime couronnant un long ministère aride.

Edifiante impression ! délicieuse promenade nocturne...

. . . .

Nous avons traversé ce matin le Bou Reghreb, en barcasse, pour atteindre Salé, où notre convoi s'est organisé laborieusement, ne s'ébranlant qu'à six heures et demie.

Nous disposons de plusieurs arabas pour nos nombreux colis, d'une autre à toiture et rideaux avec deux petites banquettes, pour trois de nous, et les trois autres montent sur trois mules.

Au départ, joli salut au soleil par les spahis et les indigènes montés de notre caravane qui lancent leurs fusils en l'air, se dressent droits sur leurs étriers, font une sorte de petite « fantasia ».

Notre convoi constitue un déploiement important : une avant-garde de cent hommes armés, des chameaux, des indigènes formant groupe à pied et groupe monté. Le nôtre, comprenant les écuyères sur leurs mules et quelques officiers à cheval, ainsi qu'une charmante jeune femme qui rejoint son mari, officier d'état-major à Fez, et qui a désiré faire la route avec nous.

Derrière, *notre araba* et le défilé de cent vingt-cinq autres, puis de vingt-cinq ma-Zellas, — longues charrettes attelées de cinq ou six mules en flèche, — et des ânes en masse conduits par des indigènes, et des mulets chargés de bagages, et une arrière-garde militaire , et enfin un encadrement de cavaliers, goumiers et gendarmes indi-gènes, exerçant une surveillance active de toute la région traversée.

Toutes les heures, halte de dix minutes. Je ne suis montée à mule qu'à la troisième halte. Je me sens très perchée sur ma haute selle marocaine dont le rembourrage est plutôt dur, mais ce sport nouveau m'amuse beaucoup et je ne suis pas trop courbaturée quand nous arrivons à notre première étape : le camp Munod.

Il fait chaud ; il est quatre heures pres-que ; il n'y a aucun abri ; il faut attendre pour se reposer qu'au moins une tente soit montée...

J'y suis maintenant et ne m'y trouve vrai-ment pas mal, et le pittoresque des choses qui m'entourent égaie mon esprit, tandis que mon cœur soupire tristement, évoquant la réunion familiale de ce premier « Christ-mas » où ma place est vide.

30 décembre, Meknès.

Cette sixième étape a été dure, par un froid piquant, un vent effroyable imposant une vraie lutte très fatigante. Jusqu'ici, no-

tre voyage s'est passé le mieux du monde,
mais la lassitude s'amasse et nous regar-
dons au but avec une envie grandissante ;
nous voudrions arriver vaillantes. Quoti-
diennement, le réveil avant le jour et une
trentaine de kilomètres à faire sur une
mule chaque jour nouvelle et par des che-
mins impossibles, à peine tracés parfois.
c'est bien quelque chose, même pour de fortes femmes.

Mais nous sommes dans la joie de ce
que nous avons pu faire et voir.

Nous avons côtoyé longtemps la fameuse
forêt de Mamora, renommée et redoutée
pour ses attaques.

Avant d'arriver à Tiflet, nous avons
croisé une « harka » qui aurait pu nous
faire un mauvais parti, si elle n'avait été
effrayée par l'apparition du bataillon Roze,
se rendant dans le Sud.

A Aïn-Kremisset, quelques coups de feu
ont été tirés sur le camp et, par prudence.
on a fait éteindre même nos modestes
bouts de bougie

A Souk-el-Arba aussi coups de feu dans
la nuit, des rôdeurs marocains sans doute
— coutumiers du fait. Une balle est venue
se ficher dans le mur d'un petit hangar à
cinq pas du marabout où nous dormions !

Après le bled monotone, nous avons traversé une région très accidentée, très ar-
rosée, d'oueds importants parfois. D'une
façon générale, maigre végétation. Tout à
coup un palmier simplement ; le palmier
des paysages, du désert. Mais des levers et
des couchers de soleil admirables et notre
convoi lui-même dans les parties sinueuses
de la route produit un très joli, très pittoresque effet.

Tout le temps, la chance précieuse d'un merveilleux temps : pas un instant de pluie, aucun excès de température jusqu'au vent de ce matin.

En quittant Souk-el-Arba, nous avons dû traverser l'oued Beht, quelque peu torrentueux ; le passage a été fort laborieux et amusant grâce à l'entêtement de nos mules. Avant d'atteindre Aïn-Lorma, le chef de notre convoi a fait capturer et désarmer quelques Marocains à mine peu rassurante. Nous avons fait notre entrée à Meknès à onze heures et demie. La ville présente un très joli aspect avec ses nombreux minarets à toit vert, ses murailles crénelées, ses portes variées superbes, à fines arabesques, parfois teintées, vestiges de l'œuvre considérable du Louis XIV marocain Moulay Ismaïl.

Nous sommes dans le très joli gîte marocain des « Femmes de France » en plein Meknès. On y arrive par un dédale impossible de rues étroites à très hautes murailles non percées. avec simplement, de temps en temps, une formidable porte de fer derrière laquelle se trouve une maison arabe parfois très jolie, paraît-il. Celle qui nous abrite est ancienne, un peu délabrée ; elle a des détails charmants : une très jolie vasque de marbre au centre de sa cour intérieure et les chambres qui ouvrent sur celles-ci ont des portes de cèdre délicieusement travaillées.

1er janvier 1913.

Après notre halte reposante à Meknès, où nous avons été reçues avec une chaude cordialité, nous avons senti nos forces ravivées dans l'impression du but si rapproché maintenant.

Rien de saillant hier ; continuation du vent ; installation suffisante à El-Djedida, et nous voici à notre étape dernière avant Fez : le camp de l'oued Nja.

Pour y arriver, nous avons traversé un fort joli pont et nous venons d'aller cueillir sur les bords de l'oued une moisson de soucis et de marguerites dont nous voulons orner nos tentes pour entrer poétiquement dans la nouvelle année. Ce matin, elle a été saluée en notre honneur par les sonneries claires de la musique de la Légion au camp de Bou-Kreissa, où le capitaine Bellouin, à notre passage, a voulu nous offrir ses vœux et aussi un bon café réconfortant.

Voici la fin de notre longue chevauchée. Encore une dernière nuit sous la tente et nous serons au but. Que d'impressions ressenties déjà, de choses vues ! J'en demeure dans une sorte de rêve.

Jeudi, 2 janvier.

C'est à midi ce matin par un radieux soleil que nous avons fait notre entrée dans la capitale de l'Islam par la porte de Bab-Segma. L'infirmière-major de l'équipe que nous venons remplacer était venue gracieusement à notre rencontre sur une bonne petite mule.

Derrière ses importantes murailles d'enceinte Fez apparaît une masse grise considérable, d'où émergent de nombreux minarets, dont un surtout avec pavillon carré au toit de tuiles vertes, frappe les regards; c'est celui de la mosquée de Moulay Idriss le saint fondateur de la ville, au temps des Carolingiens, vénéré et invoqué à travers les siècles, aujourd'hui comme hier, avec une ferveur qui va jusqu'au fanatisme.

Tout de suite, en entrant dans la ville, j'ai été frappée de son silence et d'une ambiance de mystère. Nous avons suivi de longues rues étroites entre de hauts murs sans fenêtre et au bout de vingt minutes, nous avons atteint les quartiers élevés de Fez-Bali — l'ancienne — où se trouve le home marocain qui nous est affecté par le service de santé. C'est une jolie maison mauresque, à cour intérieure ouverte, avec bassin central octogonal en carrelage de deux tons, un petit terrain suit, planté d'orangers, de citronniers, d'un beau figuier. Nous serons bien chez nous.

Effusions avec les camarades que nous venons remplacer. Elles partiront le 7 et c'est alors seulement que nous pourrons nous installer vraiment. Mais nous ne voulons prendre que deux jours de repos. Nous serons présentées le 4 au médecin-chef de l'hôpital Auvert qui nous affectera aux divers services de celui-ci, et, le lendemain, notre vraie vie d'infirmières commencera. D'avance, nos cœurs saluent joyeusement cette heure-là. C'est pour elle que nous avons franchi tant de kilomètres. C'est le rôle que nous aspirions à remplir auprès de tous les souffrants d'ici qui est notre seule raison d'être en cette cité lointaine, cœur du Maroc.

Par force, nous venons de vivre jusqu'ici en touristes, et certes nous avons goûté le charme de tant de choses vues, d'impressions ressenties, qui nous constituent un trésor de précieux souvenir. Mais, en consacrées que nous sommes, nous nous sentons pressées de revêtir l'uniforme que nous ne quitterons plus avant d'avoir terminé notre mission ; cette blouse et ce tablier d'infirmière, mise à part, qui va nous rendre à notre voie véritable.

Mardi 7 janvier.

Je suis à la division des blessés, chirurgie. Le service comprend quatre salles — baraques de vingt-trois lits chacune — une salle d'opérations et une autre consacrée aux pansements.

L'hôpital est un vaste terrain, tout en jardins, planté d'arbres odorants, d'arbres fruitiers, traversé par l'oued Fez. Et sur ce terrain plusieurs maisons arabes, des pavillons en maçonnerie légère, des baraques, des tentes, des marabouts groupés ou disséminés. Tout cet ensemble, un peu étrange mais plaisant, presque gai, constitue l'hôpital Auvert, où peuvent être hospitalisés et soignés plusieurs centaines de malades.

A mon arrivée, je n'ai trouvé qu'un seul *blessé de guerre*, un brave Sénégalais, en

bonne voie de guérison. Il a une bonne
face noire toujours contente et son naturel
me serait assez sympathique si nous pou-
vions causer un peu. Mais ce Sénégalais
n'émet jamais qu'une phrase : « Y a bon. »

Une femme sénégalaise, soignée seule
sous un marabout, m'a été tout spécialement confiée par mon chef de service. Elle
est douce et facile avec des yeux de bon
chien, mais à notre premier contact, sa
chevelure crépue, nattée en cinquante
brins, m'a révélé tant d'existences que j'ai
eu un recul d'horreur...

18 janvier.

Je suis tout à fait heureuse dans l'exer-
cice de mes fonctions que je voudrais plus
actives pourtant. Je suis consacrée surtout
à deux grands malades. Les infirmiers de
ma division sont fort bien dressés, cons-
ciencieux et dévoués. Mon chef de service
est parfait galant homme par excellence et
très épris du rôle moral que peut jouer
l'infirmière.

Nous sommes dans la saison pluvieuse,
hélas ! le ciel déverse des torrents, impla-
cablement pendant des heures, parfois des
jours de suite. Le sol est un cloaque in-
fâme ; il a fallu se vêtir en conséquence.
Sur ma blouse, je mets un caoutchouc militaire qui m'enveloppe toute et son capu-
chon sur ma coiffe, bien serré autour du
visage ; les pieds dans de précieuses bottes
Chantilly, je puis aller d'une de mes baraques à l'autre sans plus craindre les
éléments.

Ce matin, un de mes blessés, un jeune spahi, en apercevant mes bottes, s'est écrié en riant : « Toi, madame, Kif Kif Spahi. »

31 janvier.

Le beau temps semble revenu. Le matin, je me lève au ramage extraordinaire d'une foule d'oiseaux. Nous partons pour l'hôpital à sept heures par un petit temps frais de 5° ou 6° tout à fait délicieux. Nous passons sous des orangers chargés de fruits et les plates-bandes des jardins sont pleines de pieds de violettes qui commencent à embaumer ; notre existence a ses bons coins de poésie.

Dans mon service j'ai plus de travail et la bienveillance de mon chef rend ma tâche très intéressante. J'ai la douce impression que je fais un peu de bien et je sens autour de moi cette ambiance de compréhension et de sympathie dont je ne sais pas me passer, je l'avoue. Je suis malheureuse tant qu'elle me manque, mais ensuite tout me paraît supportable et facile.

Il fait nuit toujours quand notre journée d'hôpital est terminée ; pour voir notre chemin, chacune de nous a sa lanterne marocaine en ferblanterie découpée et verres de couleur (il y a en de fort jolies). Tout le monde circule ainsi à Fez le soir et, pour les personnages d'importance, ce sont des serviteurs qui, les précédant, portent les lanternes.

Les Marocains sont gens de fière mine, de belle allure, à manières dignes et pompeuses. Les personnages de qualité ne vont

qu'à mule et sont toujours précédés et sui-
vis de coureurs.

Certainement, vis-à-vis d'un tel peuple, la
France n'imposera son prestige qu'en se
présentant à lui en costume d'apparat. Une
attitude trop simple échouerait, il faut l'ap-
pareil de la force et la pompe du décor
répondant au chevaleresque pimpant de la
fantazia.

17 février.

Le plus gros événement du moment est
le départ d'une colonne qui a quitté Fez
avant-hier pour se diriger vers Sefrou, sur
la nouvelle de la formation d'une harka en
ces parages et d'une certaine effervescence
de la région. Nous avons entendu, la nuit
suivante, le bruit de la canonnade et nous
savons maintenant que la colonne rentrera
bientôt couverte de la gloire de plusieurs
petits exploits qui ont dispersé la harka
du « roghi », mis en fuite celui-ci et causé
quelques blessés peu graves heureusement.

Cette odeur de poudre n'est pas pour
me déplaire ; mon sang très militaire circule avec vivacité et j'ai l'impression que,
sans doute, j'aurais aimé tenter pas mal
de choses si je n'étais une faible femme,
hélas !

J'ai été pourtant bien touchée ce matin
de la jolie pensée exprimée naïvement par
un de mes malades indigènes qui m'a dit :
« Toi aussi soldat comme nous ; seulement
nous soldats pour tuer et toi soldat pour
guérir. »

J'ai conquis le cœur de mes indigènes
par les petits soins de toilette que je leur
rends ; l'eau de Cologne dont je les gra-
tifie leur est une vraie volupté, et j'ai dres-
sé certain de mes « tabors » à se soigner
les ongles comme une jolie femme. J'aime
mieux cet excès que celui de la vermine
dont j'ai tant souffert à mon arrivée.

Je commence à me mettre assez sérieusement à l'arabe — par nécessité — car je
soigne parfois des indigènes qui ne savent
pas un mot de français. Mon sergent, celui
de ma division, qui est un Tunisien très
intelligent et extrêmement complaisant,
veut bien être mon professeur. Il m'ensei-
gne quelques éléments rudimentaires et
m'apprend, jour par jour, le vocabulaire
nécessaire à mon rôle d'infirmière. Cet enseignement éminemment pratique commence à porter ses fruits, et cela m'amuse
d'apprendre encore quelque chose.

2 mars.

Nous avons encore des journées pluvieu-
ses, lamentables, désespérantes, trois, quatre de suite. Mais ces périodes s'espa-
cent, tout à coup les nuages disparaissent
et nous revoyons ce ciel radieux tant vanté,
mais vraiment sans aucune exagération.

Et alors c'est un rayonnement de lumière
intense, éblouissante, avivant toutes les sé-
duisantes teintes orientales, créant de la
beauté avec quelques haillons drapés sans
apprêt dans le geste naturel et antique réédi-
tant la majesté biblique.

Avant de retourner à l'hôpital l'après-midi je peux parfois me promener une heure dans la campagne ou dans la ville, le plus souvent avec mon amie Cécile, parfois avec deux camarades.

Nous avons pu monter aux Mérinides les fameuses ruines des tombeaux des Béni-Mérin, qui se trouvent sur une colline rocheuse, adossée à une région très montagneuse. On y accède par des pentes couvertes d'oliviers et bordées d'aloès. La campagne était pleine d'arbres fruitiers couverts de fleurs. Des ruines mêmes la vue est admirable. Partout un immense horizon de montagnes et à l'est, dans la direction de Taza, la chaîne neigeuse des Béni-Ouaraïn et derrière des massifs plus importants se continuant jusqu'au cœur même du moyen Atlas.

Quel magnifique site que celui de Fez ! et qu'elle est curieuse, cette ville au si long passé, mêlée dans la verdure de ses innombrables jardins s'étageant au milieu d'une série de vallons formant deux groupements : Fez-Bali l'ancienne et Fez-Djedid la neuve, datant du quatorzième siècle, avec le vilain mais curieux quartier juif du Mellah encore dans les ruines des événements du printemps 1912.

Dans mon service assez de travail et grandes satisfactions toujours. Je suis surtout occupée par un petit sergent assez sérieusement atteint.

J'ai reçu cinq blessés de l'affaire de Meisdraesdorf.

5 mars.

J'ai veillé cette nuit une malheureuse Sénégalaise qui avait été opérée d'urgence
hier au soir. Dans le silence du grand hôpital endormi — silence quelque peu poi-
gnant en cette garde funèbre — j'ai fort
bien entendu la voix du muezzin de la
grande mosquée de Karaouïn, lançant dans
l'air — de demi-heure en demi-heure jusqu'à l'aube — la prière destinée à rompre
pour les souffrants le silence et la solitude
nocturnes, à leur apporter la pensée de
Dieu, l'espoir. C'est un riche Fasi qui, après
l'expérience personnelle de la maladie, ins-
titua les « Compagnons des malades ». Dix
muezzins, dont la charge est héréditaire,
se succèdent chaque nuit, dans le même
ordre, lançant du haut du minaret de Karaouïn, jusqu'au jour, la prière consolante.

Actuellement la température est délicieuse : la campagne est admirable, le soleil déjà bien chaud, mais l'air pur et léger.

Le jardin de l'hôpital devient tout à fait
joli et vraiment ce lieu, si généralement
lugubre, ne donne ici qu'une impression
paisible, presque riante.

J'ai maintenant beaucoup de travail dans
mon service. Cela sied admirablement à
mes aspirations et mon activité. Mon mé-
decin va rentrer en France. Son remplaçant
est nommé, il sera ici incessamment.

15 mars.

Notre nouveau chirurgien est dans la place depuis une semaine et aujourd'hui son prédécesseur a fait ses adieux à l'hôpital. Ce n'est pas sans regrets que je vois s'éloigner ce chef parfait, qui était unanimement apprécié ici et qui jusqu'à la dernière heure s'est montré pour moi plein de bienveillance, de courtoisie, de délicatesse. Mais j'ai heureusement sympathisé de suite avec son remplaçant, peut-être bien aimablement prévenu en ma faveur. Il se montre plein de bienveillance à mon égard, a révélé déjà sa valeur de chirurgien et de diagnosticien et comme il conçoit l'infirmière participante à tout ce qui se fait dans le service, dans une absolue subordination, bien entendu. Je crois que mon champ de travail va encore grandir et que je besognerai de façon très intéressante.

23 mars (Pâques).

Je suis en effet très occupée, surtout par deux grands malades, deux indigènes, que je soigne à part sous une tente. Le plus jeune, très attachant, misérable au possible, est touchant de reconnaissance. Il a des larmes dans les yeux quand il me dit, que je le soigne : « kif-kif hômi, » comme ma mère.

Les deux bons Pères Franciscains, aumôniers militaires, qui représentent tout l'élément du clergé français à Fez, ont dit la

messe du jour ce matin dans la cour intérieure de leur petite maison transformée en
chapelle. La cérémonie a été très touchante. L'assistance, très militaire naturellement, était assez nombreuse. Il avait plu
fort la nuit, mais le soleil s'est montré
juste au moment propice, et a brillé jusqu'au soir, combattant la tristesse de ce
jour de fête passé si loin du pays, si loin
de la famille.

Je suis pourtant infiniment heureuse au
milieu de mes chers malades et des braves
et dévoués infirmiers de mon service que
j'admire plus que je ne saurais le dire dans
les soins pleins de bonne camaraderie
qu'ils prodiguent aux malades et aussi
pour cette bonne humeur permanente du
troupier français qui se maintient ici tout
comme sur le bon sol de France et qui
dans un hôpital est un si précieux élément.

Notre chef est d'ailleurs lui-même plein
de jovialité et je trouve qu'il fait si bon
travailler gaîment !

Fez est un vrai bouquet de verdure en
ce moment et l'air embaume toujours de la
senteur des orangers. Et que d'oiseaux partout ! Dès l'aurore c'est un concert délicieux.

Il y a aussi les charmes de la vie intérieure. Celle-ci sans doute n'a que de courts
moments, mais d'autant plus précieux
quand ils assurent, dans l'harmonie d'une
intimité chaude et sûre, la bienfaisante détente qu'exigent les fatigues inévitables de
notre métier.

31 mars.

Le temps est très capricieux ces jours-ci. Nous avons eu des reprises de pluie, des tourmentes de vent très désagréables. Cela répond assez aux giboulées de France.

Mon service est chargé. Il y a eu ces jours-ci plusieurs opérations graves. J'ai des malades en danger. Mon petit indigène favori ne va pas mieux.

On vient de faire dans notre division un grand remaniement d'installation pour aboutir à une classification que j'approuve pleinement.

Une salle est entièrement consacrée aux Sénégalais, une autre aux Européens, une autre aux indigènes, une quatrième aux sous-officiers et une dernière, plus petite, aux grands opérés réclamant plus de calme et une surveillance plus assidue.

Cette disposition me semble comporter beaucoup d'avantages de tous ordres.

Toutes ces races diverses, tous ces tempéraments variés de mon personnel de malades présentent un intérêt d'observation intense non seulement dans le domaine strictement médical mais encore au point de vue psychologique.

Je suis de plus en plus heureuse d'être venue ici et ma tâche me passionne.

8 avril.

Journée dure et émouvante : à quelques heures d'intervalle, dans la même salle,

j'ai perdu deux malades ! Je m'étais beaucoup attachée au plus jeune, un sympathique indigène plein de dignité et de grâce,
endurant dans la souffrance, reconnaissant
des moindres soins. J'avais remarqué son
mysticisme. Sa mort a été vraiment édi-
fiante. Il s'en est allé doucement, en pleine
connaissance, m'ayant dit adieu, remerciée
d'un geste émouvant, répétant qu'il a eu
du courage parce qu'il s'en va, « près d'Allah » ! Il avait appelé auprès de son lit
quatre de ses amis, indigènes comme lui.
Ceux-ci ont récité une sorte de litanie mu-
sulmane à laquelle le mourant a répondu
jusqu'à son dernier souffle, dans une sérénité admirable, le regard extasié devant les
perspectives radieuses de l'au delà.

. . . .

15 avril.

Mon service est un peu plus calme. J'ai
pu, après le déjeuner, jusqu'à deux heures,
me promener délicieusement avec trois de
mes camarades dans les jardins et les pa-
lais de Boujeloud, ancienne résidence d'été
du sultan. La suite des cours intérieures en
enfilade sur la perspective des jardins est
d'un délicieux effet par les jeux de la lumière.

Il y a des vasques de marbre pleines
d'élégance et d'harmonie, de somptueuses
portes richement décorées de fines arabesques et, au dehors, des vergers d'orangers
exquis.

17 avril (anniversaire des massacres).

Après la « visite » passée à l'hôpital, une heure plus tôt que de coutume, nous sommes toutes parties, en voiture d'ambulance, pour le cimetière de Dar-d'Bibagh, où nous avons assisté à la cérémonie commémorative des événements de l'an dernier. Autour du monument commémoratif général, de la tombe du capitaine de Lesparbat et de celle du Père Fabre, un encadrement de troupes, toutes les autorités militaires, civiles et marocaines de Fez : le pacha, les consuls, le général Gouraud et son état-major, tout le corps médical, une délégation d'infirmiers et nous, les six infirmières.

Les Pères aumôniers ont donné l'absoute. Sidi X..., de haute allure, a prononcé, au nom du pacha, un long discours en arabe savant, et le général, à son tour, une courte allocution avec la liste émouvante des massacrés commémorés. Pauvres gens !

Evidemment, la pénétration a gagné en profondeur depuis un an. Ne peut-on pas en voir une petite preuve dans les démonstrations de sympathie dont nous sommes assez fréquemment l'objet dans les diverses portions de la ville que nous parcourons ?

Des enfants nous offrent des fleurs, des femmes nous tendent leurs enfants et nous recevons bien des « salaams » (saluts).

Je me figure que nous avons actuellement soigné assez de tabors pour que ceux-ci nous soient acquis jusqu'à nous faire de la propagande.

Peut-être suis-je trop optimiste ? L'avenir répondra... « Inch'Allah ! »

Le retour de la cérémonie a été pour nous une vraie promenade charmante par un délicieux temps. Longue journée d'hôpital ensuite.

27 avril.

Il y a eu de nouvelles escarmouches, dans la région de Sefrou, toujours. J'ai reçu trois nouveaux éclopés de la colonne. Tout l'hôpital est en rumeur de préparatifs d'inspection.

1er mai.

J'ai eu le privilège de ventouser le médecin-inspecteur qui, s'en allant à cheval à Sefrou, a fait une malheureuse chute dans un silo : d'où fractures et contusions que le blessé supporte avec une rare énergie, demeurant debout et poursuivant les travaux qui l'ont amené à Fez.

La chaleur semble s'installer. Heureusement que les nuits sont bonnes.

Service toujours très animé, très intéressant, grâce à mon bienveillant chef qui veut bien que je le serve complètement quand il opère.

Joies douces avec mes malades.

Nous avons revêtu maintenant notre cape blanche, tenue d'été. Elle est fort appréciée des indigènes qui, quand nous pas-

sons, disent souvent, la montrant, « Mezziane, mezziane » : C'est joli, joli.

20 mai.

Nous traversons une période de surme-
nage. Beaucoup de travail dans nos services réciproques et comme il y a aux officiers trois grands malades très graves :
deux jeunes femmes et un pauvre enfant de
quinze ans, nous les veillons à tour de
rôle.

La chaleur augmente, elle devient vraiment pénible.

Quand nous avons un instant de liberté,
nous n'avons plus le courage de nous promener. Je suis bien aise d'avoir pu un peu
admirer, le mois dernier, la campagne de
Fez dans sa luxuriante parure printanière.
Ici, l'eau sourd partout, tellement fertili-
sante. L'oued Fez, qui pénètre dans la ville
par la belle arche crénelée de Bab-el-Djedid,
se ramifie en bras innombrables. Voilà ce
qui fait la beauté des jardins tant vantée
en toute justice.

Autant que nous l'avons pu, nous avons
circulé dans Fez-Bali. Les mosquées y sont
innombrables, élançant vers le ciel leurs
minarets toujours élégants, parfois parés
de dorure et de faïences d'un vert éme-
raude superbe — la couleur sainte de l'Islam.

J'ai pu apercevoir l'intérieur des deux
plus fameuses mosquées : Mouley Idriss et
Karaouïn. Cela m'a paru d'une beauté très
grande dans l'harmonie des arcades répé-

tées indéfiniment, des immenses vasques de marbre et la profusion des lanternes pendantes en argent. Elles m'ont semblé extraordinairement riches et finement ciselées.

Là-dessous, des croyants prosternés, en adoration muette, et, tout autour, un va-et-vient sourd de gens passant, en glissant, comme des ombres respectueuses.

Les « souks » grouillants sont amusants à voir avec leurs petites échopes variées et bariolées.

Les rues, extrêmement étroites, sont souvent toiturées de joncs s'entre-croisant. Partout de hautes murailles percées seulement de quelques petits trous grillés et d'immenses portes de fer mystérieuses, cachant souvent de très jolies maisons marocaines et de délicieux jardins odorants.

Souvent des voûtes sombres, puantes de ce relent « hassani » que l'on hume ici à tous les coins, mais que parvient à dominer parfois le parfum enivrant des orangers fleuris qui fourmillent partout, et plus tard, maintenant, celui délicieusement frais de la « nana », menthe verte cultivée en champs immenses pour l'usage excessif qu'en fait tout fasi, riche ou pauvre.

9 juin.

Gros labeur toujours à l'hôpital, mêmes grandes satisfactions. Mais la chaleur monte : 41° à l'ombre, cet après-midi, avec la température humide et lourde d'un perpétuel orage qui n'éclate pas.

A six heures, ce soir, nous avons pu nous rendre, avec un de nos médecins, à la jolie maison marocaine du Directeur de la Régie. Là, sur une délicieuse terrasse dominant tout le vieux Fez, nous avons vu le soleil s'éteindre splendidement et la ville, endormie jusqu'alors, s'éveiller soudain, la ville des terrasses étagées qui instantanément, se sont couvertes de toutes les femmes marocaines enfermées tout le long du jour. Elles étaient revêtues des plus voyantes teintes se fondant cependant dans une gamme magnifique d'une harmonie chaude, intense, superbe.

Au couchant, l'astre glorieux descendait dans une apothéose, se mourant ; le pavillon blanc a paru au minaret de Mouley Idriss ; la voix du muezzin a clamé le Salut au soir ; « Allah Akbar ! » Dieu soit loué ! Dieu est le plus grand !

L'heure sainte du Moghreb ! Quelle impression saisissante ! Quel charme pénétrant ! Toute la beauté, la poésie de l'Islam.

15 juin.

Douloureuse impression : mort pénible d'un malheureux qui s'était suicidé et qui a été pris par la gangrène gazeuse.

Dans le jardin de l'hôpital, tous les grenadiers sont en fleurs : la poésie autour de toutes les laides et rudes réalités qui tissent notre vie d'infirmières.

21 juin.

La chaleur est cruelle. Mais pourtant la pensée du départ qui s'approche m'étreint douloureusement. Quel déchirement de quitter mes malades, de dire adieu à cet hôpital où j'aurai vécu une vie intense si attachante, si pleine de joies intimes !...

J'aime beaucoup mes noirs, mes Sénégalais : ils sont si braves, si bons enfants, si gais ! Ils sont aussi parfois très intelligents.

Toujours superstitieux, essentiellement fétichistes, ils portent presque toujours sur eux, pour les préserver au feu et leur assurer bonne chance en tout, des « gris-gris », sortes d'amulettes faites des objets les plus hétéroclites, généralement enfermés dans un petit sac de peau qui est suspendu au cou, au poignet, à la cheville, ou parfois même niché dans la chevelure, dissimulé dans l'épaisseur d'une grosse mèche.

Ces jours derniers, dans ma salle noire, le benjamin de celle-ci, un jeune Sénégalais à la physionomie fine, au regard remarquablement vif et intelligent, a surpris mon air étonné devant les « gris-gris » abondants d'un « entrant » du matin.

— « Toi, madame France, y a pas gris-gris. Pourquoi ? »

— « Moi, je n'en ai pas besoin, Hamadou... Dieu est... mon gris-gris. »

— « Ah ! moi comprendre, y a bon. Moi aussi connaître Bon Dieu. »

— « Tu connais Dieu, Hamadou ? Es-tu chrétien ? »

— « Chrétien ? Non. Pas besoin. Mais moi y a bien savoir : toujours, toujours tâcher faire le mieux, comme tu peux, et alors Bon Dieu content. Y a bon pour moi, pour toi. C'est assez. »

. . . .

N'est-ce pas là de la philosophie haute et profonde derrière l'expression simple et naïve ?

9 juillet.

Adieu à notre existence d'écuyères, de campement sous la tente, de convoi ! Nous sommes à l'ambulance de Dar-Bel-Amri, où le médecin-chef nous offre la plus gracieuse des hospitalités. Demain matin nous prendrons le petit train nouveau qui nous conduira à Kenitra, puis à Salé. Nous n'aurons plus qu'à traverser le Bou Reghreb pour être à Rabat, rendues alors à la vie civilisée.

C'est la coupure nette avec l'existence spéciale, si prenante, que nous venons de vivre sept mois.

Mélancolie du fini, du recul soudain des choses devenues *le passé*. Nous voulons vivre encore les derniers souvenirs de nos dernières journées si remplies avant notre départ de Fez ; l'adieu arrachant à l'hôpital où nous avons laissé trop de chers malades ; la matinée de dimanche, le 6, où notre convoi s'est ébranlé après formation au camp de Dar D'Bibagh. Nous avons eu, pendant les premiers kilomètres de notre route, une touchante escorte : tous nos médecins qui, jusqu'à cette heure dernière, ont été pour nous d'une bonté inoubliable ; le général ; quelques amis militaires. La matinée était délicieuse et nous n'avons vraiment pas eu à souffrir de la chaleur jusqu'à notre première étape : D'Zalah des Oudayas. Nous aurons eu décidément la « baraka » jusqu'au bout. Tout de même, après notre second campement, au Zégotta, joliment situé au pied de la montagne du même nom, la température est devenue plus rude. Nous avons vraiment souffert à l'étape de Sidi Kassem où nous avons eu 50° sous la superbe tente de caïd qui nous avait été aimablement offerte au Fort-Saint-Jean.

Et quel assaut de puces nous avons dû y subir ! Elles règnent là souverainement, se livrant à une vraie voltige. Après en avoir compté trente-deux se précipitant étourdiment dans la même cuvette, notre résignation s'est trouvée acquise forcément et notre bonne humeur a triomphé du supplice qu'il nous a fallu endurer jusqu'au lendemain matin.

Nous avons gardé aussi, pourtant, de très bons souvenirs de notre station à Fort-Saint-Jean. Le chef de ce poste nous y a tout à fait aimablement reçues, et nous avons goûté le charme de la jolie situation de Sidi-Kassem avec sa mosquée sainte délicieuse et son pont pittoresque sur un « oued » aux rives toutes fleuries de lauriers roses.

A Rabat, nous allons reprendre en quelque sorte nos personnalités. Nous serons reçues à la résidence, nous assisterons à la Revue du 14, nous circulerons pas mal et le temps manquera pour écrire.

Je veux finir ici de noter mes impressions confuses, multiples, si précieuses pour moi.

Maintenant, je vais à la joie du retour, du bienheureux revoir et du plus profond de moi s'élève un chant d'infinie reconnaissance d'avoir pu évoluer avec une sorte de sérénité au milieu de toutes les souffrances morales et physiques que j'ai approchées, avec la joie intime de contribuer à alléger un peu les unes et les autres, et aussi, peut-être, la satisfaction plus égoïste de sentir tant de confiance et de besoins monter à moi.

Pour le troupier de France, surtout, j'ai pu être bienfaisante. Il se sent là-bas loin, si loin du pays, des siens, dérouté par tout le nouveau qu'il a trouvé, souvent sans l'avoir désiré !

Déjà j'ai reçu de mes malades guéris des lettres touchantes. Quelle douce récompense !

Se sentir un peu utile dans le vaste monde, joie profonde !

La vie ne vaut en somme que par la tâche qu'on y remplit et l'amour qu'on y dépense.

E. Tassin.

COMITÉ CATHOLIQUE D'AUBENAS

NOTE EXPLICATIVE.

I.

Notre but, en publiant cette note, est de faire mieux connaître aux catholiques du bas Vivrais une œuvre fondée depuis quelques mois et déjà en pleine activité; nous voulons parler du Comité catholique d'Aubenas. Etabli d'abord dans cette ville et dans les localités voisines, il compte aujourd'hui des adhérents dans presque tous les cantons méridionaux de l'Ardèche, et il fait appel à tous les dévoûments pour compléter ses cadres et accroître ses moyens d'action.

Les Comités, on le sait, sont essentiellement l'œuvre contemporaine; les nécessités de la lutte et de la propagande les ont fait naître partout. Sans citer la Suisse et l'Allemagne, où leurs efforts ont puissamment secondé la résistance du clergé contre des lois persécutrices; sans parler de l'Italie, où ils se multiplient à la voix de Pie IX, considérons la France; nous y trouverons peu de provinces qui en soient dépourvues à l'heure présente. Aucune institution peut-être n'a obtenu un développement aussi rapide; et l'influence qu'ils ont acquise en peu d'années, leur a valu à la fois l'admiration sympathique des cœurs vraiment chrétiens, et les haines clairvoyantes de la révolution.

Frappés de ces grands exemples, voyant dans la création d'une Société semblable le meilleur moyen de combattre la propagande anti-religieuse et anti-sociale, qui s'attaque aux croyances et aux mœurs de nos populations, quelques catholiques de la région d'Aubenas résolurent, dans le courant de 1876, de prendre l'initiative à cet égard. Ils ne se dissimulaient pas les difficultés de leur tâche; cependant il leur parut que le dévoûment de beaucoup de laïques et le zèle bien connu du clergé constituraient de sérieux éléments de succès. L'entreprise pouvait être tentée, elle devait l'être. Forts des encouragements de Mgr l'Évêque de Viviers, qui daigna présider une des premières séances, ils se mirent à l'œuvre, et le Comité fut fondé. Depuis lors ses progrès ont été plus rapides qu'on eût osé l'espérer. Quant à son avenir, il est entre les mains de tous les chrétiens du pays, à qui nous adressons ces pages.

Ses développements, son influence, ses services futurs dépendent du concours plus ou moins étendu qu'ils voudront bien lui donner.

II.

Quels avantages, nous demandera-t-on, faut-il attendre principalement d'un Comité catholique? En quoi peut-il servir les intérêts généraux de la religion et de la société?

En premier lieu, il réunit dans une association forte et permanente les catholiques éclairés et influents de la contrée; il leur apprend à se connaître, à se compter, à penser et à agir en commun; il accroît dans une proportion incalculable leur puissance et le sentiment qu'ils ont, en mettant à la disposition de chacun les lumières et l'appui du corps entier. N'est-il pas évident que nos défaites trop fréquentes tiennent à l'isolement presque absolu dans lequel nous vivons? que les succès de nos ennemis, par contre, sont dus en grande partie à l'usage qu'ils ont su faire du principe d'association? Et n'est-il pas urgent de réparer cette infériorité en saisissant à notre tour l'arme qui a si bien réussi contre nous?

Ce seul résultat suffirait à justifier l'existence du Comité; mais il est appelé à en produire d'autres encore. Il nous permettra de compléter, de perfectionner, d'étendre les institutions de propagande et de charité qui existent déjà dans notre pays. Il nous donnera le moyen d'en créer de nouvelles, lorsque le besoin se fera sentir.

Parmi les causes qui entravent chez nous l'essor des œuvres, il faut placer en première ligne le manque de renseignements précis sur ce qui se fait ailleurs. Les publications périodiques et les recueils spéciaux qui traitent de ces matières sont aussi nombreux que bien informés; toutes les institutions utiles fonctionnent çà et là, mais ignorées ou mal connues du public. Pour recueillir des indications sérieuses en puisant à ces sources éparses, il faut beaucoup de peine et de temps. Aussi, celui qui voudra créer une bibliothèque populaire, par exemple, ou un patronage de jeunes gens, sera-t-il condamné à de longues recherches, ou réduit à se passer de la tradition et de l'expérience d'autrui. Le Comité lèvera cet obstacle en réunissant lui-même, d'une manière suivie et régulière, les informations et les documents de toute nature relatifs aux œuvres catholiques, et en assemblant chaque mois les hommes qui s'en occupent. La tâche qui était pesante pour les individus isolés, deviendra légère pour l'association. Quelques instants de conversation et de lecture suffiront pour fixer les idées, éclairer les points douteux et tenir au courant du mouvement religieux et de ses manifestations les plus importantes.

Nous n'insisterons pas sur un autre côté de la question, sur l'émulation que font naître le rapprochement des hommes et la connaissance des progrès réalisés ailleurs. Qui voudra rester en arrière de ses voisins? Qui reculera devant une entreprise dont les avantages et la possibilité lui auront été démontrés par leur exemple?

Observons du reste que si certaines œuvres peuvent à la rigueur être exécutées séparément, beaucoup d'autres doivent nécessairement être conduites avec ensemble, par une action commune et une même direction. Supposons qu'on veuille pétitionner en faveur d'un intérêt religieux, ou opposer des journaux catholiques à la presse radicale : n'est-il pas clair que les tentatives isolées avorteront, et que, pour réussir, il faudra à la fois un centre d'où parte l'initiative, et des agents répandus sur tous les points, qui en assurent l'exécution? On trouvera ces deux choses dans le Comité.

Quelques œuvres encore plus générales, comme le patronage des émigrants, réclament le concours des sociétés charitables de plusieurs provinces ; et ce concours, le Comité l'obtiendra sans doute plus aisément que des particuliers ne pourraient le faire.

Les attributions et le caractère du Comité nous paraissent donc assez clairement indiqués. C'est à la fois un bureau de renseignements, — une assemblée qui étudie les besoins du pays et les moyens de les satisfaire, — un appui pour les autres institutions pieuses et charitables, auxquelles il laisse d'ailleurs toute leur indépendance, — un centre d'initiative pour les travaux qui exigeront une action commune.

Son programme embrasse, sous l'autorité de l'évêché et du clergé paroissial, tout ce qui, dans les intérêts religieux, demande l'intervention des laïques :

1º Le pétitionnement; les démarches auprès du Gouvernement et des administrations locales; les rapports avec les Sociétés catholiques des autres départements;

2º Les encouragements à donner à l'enseignement catholique, primaire, industriel, secondaire et supérieur;

3º Les bibliothèques populaires; la propagande par les livres, les brochures, les almanachs et la presse périodique;

4º Le développement des Associations de piété et de charité, des Conférences de Saint-Vincent de Paul, surtout;

5º L'organisation des pèlerinages;

6º Les soins médicaux pour les classes pauvres, et surtout pour la population des campagnes;

7º Les OEuvres destinées à améliorer le sort de la population ouvrière des deux sexes, tant au point de vue du bien-être matériel que de la moralité et de l'esprit chrétien.

Plusieurs de ces questions ont été déjà abordées par le Comité; les autres le seront successivement, lorsque l'occasion se présentera.

III.

Quant à l'organisation matérielle de la Société, on en trouvera l'exposé complet dans le règlement, que nous joignons à cette note. Nous nous contenterons ici d'en développer les points principaux:

1º Le Comité embrasse toute la région du bas Vivarais; son Bureau est établi à Aubenas. Ses réunions générales ont lieu tous les mois, dans cette ville.

Pour avoir des cadres assez larges et exercer une action véritablement utile, le Comité devait, en effet, comprendre une région un peu étendue, mais où les rapports fussent fréquents et les communications faciles. La partie méridionale de notre département réunit ces deux conditions.

La position centrale d'Aubenas, entre les cantons du midi, les bords du Rhône et la haute vallée de l'Ardèche, jointe à l'importance de ses marchés, qui attirent périodiquement un grand nombre de personnes de ces diverses localités, l'indiquaient comme le point de réunion le plus commode pour la majeure partie des adhérents ;

· 2° Au reste, si l'éloignement devait rendre difficile aux membres qui habitent les cantons les plus écartés, l'assiduité aux séances, ils pourraient se former en sections particulières, correspondant avec le Bureau central et se faisant représenter aux réunions par quelques délégués ;

3° L'Assemblée générale a lieu à Aubenas, le dernier samedi de chaque mois, sur la convocation du Président. Elle nomme celui-ci et les autres membres du Bureau, fait et corrige le règlement, discute tous les projets et décide de toutes choses en dernier ressort ;

4° Le Bureau, composé d'un Président, d'un Vice-Président, d'un Trésorier et de deux Secrétaires, sert de lien permanent entre les Associés et expédie les affaires courantes, en se conformant aux indications de l'Assemblée ;

5° Enfin , quatre Commissions étudient les diverses questions et préparent les projets qui seront discutés et votés en assemblée générale. L'une est chargée du règlement et des pétitions ; l'autre des œuvres de piété et de charité ; la troisième, de la propagande et de l'enseignement ; la quatrième, des œuvres sociales et ouvrières.

IV.

On sait maintenant ce que nous voulons et ce que nous sommes. Il ne nous reste donc qu'à adresser un dernier appel au clergé et aux fidèles de notre pays.

Nous dirons aux prêtres : « Acceptez-nous comme vos auxiliaires dévoués ; permettez-nous de travailler, sous votre direction et selon la mesure de nos forces, dans le champ de la foi et de la charité. Nous ne vous demandons pas d'entrer dans nos rangs ; votre position est supérieure, vos attributions différentes et plus élevées ; mais nous vous prions de nous éclairer de vos conseils, de nous appuyer de votre influence, d'encourager les fidèles à se joindre à nous. Nos intentions sont droites et nos vues désintéressées ; nous n'aspirons qu'à servir la religion et le pays. Et, s'il nous fallait un garant, nous invoquerions avec confiance le témoignage du bien-aimé prélat qui a daigné bénir nos projets et agréer l'assurance de notre dévoûment filial.

Aux catholiques que leurs lumières, leur position et leur attachement aux saines doctrines distinguent particulièrement, nous dirons : « Venez à nous, associez-vous à une œuvre qui a donné de si beaux fruits dans d'autres contrées. Vous voyez les besoins nouveaux qui se produisent ; nous tâcherons de les satisfaire. Vous constatez chaque jour les progrès du mal ; nous travaillerons ensemble à les arrêter. Il faut que les périls de l'Eglise et de la société nous trouvent debout et en armes ; ce ne sera pas trop, pour en triompher, de toutes nos forces réunies. Nul ne vous interrogera sur vos convictions politiques ; le Cómité n'est pas une œuvre de parti, et chaque membre laisse à la porte de la salle commune ses opinions personnelles ; on n'y connaît que les intérêts de la religion et de la civilisation chrétienne.

Vous entreprendrez assurément une œuvre de longue haleine ; vous trouverez sur cette route plus d'une difficulté ; mais, si Dieu le permet, vous pourrez contribuer largement à la conservation et au progrès de la foi catholique dans notre Ardèche. Et lors même que vos efforts resteraient infructueux, vous auriez au moins sauvegardé votre dignité d'hommes et votre conscience de chrétiens. C'est ce que nous ferons, quant à nous, quoi qu'il arrive. Malgré les espérances les mieux fondées, on ne saurait être absolument sûr de vaincre ; mais on peut toujours ambitionner l'honneur de combattre pour la bonne cause.

Le Bureau du Comité.

Les deux rapports qui suivent ont été lus et approuvés dans l'Assemblée générale de mai, et les mesures qu'ils proposent sont actuellement en voie d'exécution. Nous les donnons à titre de documents et comme un échantillon des travaux du Comité.

SÉANCE DU 27 MAI 1877.

Rapport relatif au patronage des émigrants de la basse Ardèche , présenté au Comité par la Commission des OEuvres sociales et ouvrières.

MESSIEURS,

Comme la plupart des pays de montagnes, le bas Vivarais a, depuis longtemps, un courant régulier d'émigration qui se porte vers les grands centres et les régions industrielles des départements voisins. Lyon et sa banlieue, les houillères et les ateliers du bassin d'Alais, les principales villes du Midi, Nîmes, Avignon, Cette, Marseille, attirent chaque année un nombre considérable de nos compatriotes, qui vont s'y employer comme ouvriers ou comme domestiques. Ce mouvement déjà ancien s'est beaucoup accentué depuis que la maladie des vers à soie a privé nos contrées d'une importante ressource ; il prend des proportions encore plus fortes à mesure qu'un nouveau fléau, le phylloxera, étend ses ravages. De longues années se passeront peut-être avant que le relèvement de notre agriculture et le progrès de nos industries permettent à la population de vivre tout entière sur le sol natal. Jusque-là l'expatriation est un fait nécessaire ; et l'on ne peut, dans l'état actuel, ni la supprimer ni la restreindre.

Malheureusement elle présente, à côté de ses avantages économiques, de graves inconvénients au point de vue moral et religieux. La plupart des émigrants, jeunes gens et jeunes filles, se trouvent jetés en quittant leur village et

leurs parents dans un milieu corrompu où leur foi et leurs
mœurs courent les plus grands dangers. L'expérience, les
avis, les protections leur manquent à peu près absolument.
Aussi succombent-ils trop souvent dans cette lutte contre
les mauvais conseils et les mauvais exemples : résultat
déplorable pour eux-mêmes, pour leur pays d'adoption, et
aussi pour nos contrées, sur lesquelles ils exercent au retour une influence fâcheuse.

N'y aurait-il aucun moyen de prévenir ou d'atténuer ces
dangers, d'améliorer les conditions morales et matérielles
dans lesquelles se produit l'émigration? Nous pensons,
messieurs, qu'on peut y arriver, avec de l'union, de l'esprit
de suite et du dévoûment.

Quels sont les principaux obstacles à vaincre? 1º L'isolement dans lequel se trouvent les émigrants en arrivant à
leur destination ; 2º les mauvaises relations qu'ils contrac-
tent. Or, le remède est auprès du mal. Chacune des villes
vers lesquelles ils se dirigent possède un ensemble très-
complet d'institutions fondées par la charité catholique en
faveur des classes ouvrières : Cercles, Sociétés de secours
mutuels, Bureaux de placement, etc. Pourquoi ne pas faire
appel à ces associations pour qu'elles accordeut leur patronage à nos Ardéchois ?

Nous vous proposons, messieurs, de recueillir des renseignements précis sur ces diverses Sociétés, leur but,
leurs moyens d'action ; d'entrer en relation avec chacune d'elles, et enfin, après avoir obtenu leur pro-
messe de concours, de leur adresser nos émigrants,
qu'elles se chargeront d'accueillir et de protéger. Ceux-ci,
grâce à elles, se trouveront immédiatement en rapport
avec l'élite des ouvriers de leur nouvelle résidence et avec
les hommes généreux qui leur consacrent une partie de
leur temps. Ils auront ainsi, dès le début, une plus grande
facilité à se procurer du travail, et en outre des amitiés
honnêtes et chrétiennes, des secours, des appuis, tout un

ensemble de conseils et d'exemples qui les maintiendra dans la foi et dans le devoir.

Nos premières démarches nous font espérer que les Sociétés catholiques des départements voisins accueilleront favorablement nos ouvertures à ce sujet, et que nous arriverons sans peine à établir avec elles des relations suivies. Nous ne leur demandons rien, en somme, qui ne rentre directement dans leurs attributions et qui ne contribue même à leurs succès. Ainsi les Cercles catholiques d'ouvriers, qui dans bien des endroits ne se recrutent qu'avec lenteur et difficulté, auront tout avantage à recevoir les jeunes gens que nous leur adresserons, encore tout imbus, pour la plupart, des bons principes qu'ils ont puisés dans leurs familles.

Quant aux moyens pratiques de correspondre avec les Sociétés, et de leur faire parvenir nos recommandations, voici ceux auxquels on pourrait s'arrêter, croyons-nous :

1° Après s'être assurée de leur appui, la Commission des œuvres sociales et ouvrières, au nom du Comité, dresserait un tableau général contenant les noms, résidences et attributions de chacune d'elles. Ce tableau serait communiqué à tous les membres du Comité et aux curés des paroisses du bas Vivarais ;

2° Les membres du Comité et les prêtres recevraient en même temps des feuilles, revêtues du timbre du Comité, sur lesquelles ils écriraient eux-mêmes les recommandations pour les émigrants de leur localité, en les adressant, selon leur destination, aux correspondants portés sur le tableau ;

3° A des intervalles réglés, chaque membre devrait adresser au bureau du Comité les noms et destination des personnes recommandées. Un registre serait ouvert à cet effet.

Il nous paraît inutile, messieurs, de motiver ces trois résolutions, dont vous reconnaîtrez aisément les avantages.

Nous ne doutons pas que ces recommandations, qui n'imposent aucune gêne et ne demandent aucun déplacement, ne soient accueillies presque toujours avec joie et reconnaissance, et n'obtiennent souvent de très-heureux résultats. Les tentatives isolées qui ont été faites sur quelques points ont parfaitement réussi ; il ne s'agit que d'appliquer d'une manière plus générale ce qui s'est fait jusqu'ici dans des proportions restreintes.

SÉANCE DU 27 MAI 1877.

Rapport sur la propagation des bonnes lectures, présenté au Comité par la Commission de propagande et d'enseignement.

MESSIEURS,

Pour remplir la mission que vous nous avez confiée, nous avons dû nous occuper successivement des diverses branches de la presse catholique : livres, brochures, publications périodiques, journaux quotidiens. Nous avons eu à examiner les choix qu'il conviendrait de faire dans chacune de ces catégories d'ouvrages, les moyens de les obtenir au plus bas prix, enfin, les meilleurs procédés à employer pour les faire arriver entre les mains des lecteurs. Ce sont les résultats de ces diverses recherches que nous vous soumettons aujourd'hui.

Mais avant tout nous vous proposons de répandre largement dans le pays le mandement de carême de Mgr l'Évêque de Viviers sur le danger des mauvaises lectures et le moyen de les combattre : d'abord, parce que nous ne pouvons présenter au peuple du diocèse aucun ouvrage qui ait chance d'être reçu avec plus d'empressement et lu avec plus d'intérêt et de respect ; ensuite, parce que c'est notre programme, et que nous suivons purement et simplement la voie qu'il nous a tracée.

En conséquence, si vous le jugez bon, votre Commission de propagande demandera à l'évêché un certain nombre d'exemplaires, pour être distribués dans les paroisses et conservés aux archives des bibliothèques populaires comme leur charte fondamentale.

I. — CHOIX ET ACQUISITION DES LIVRES.

Afin de recueillir des éléments d'information, nous sommes déjà entrés en rapport avec les principales librairies catholiques de Paris et des provinces. Nous mettons sous vos yeux leurs catalogues, leurs prix de vente et des spécimens de leurs productions. Le résultat de notre examen a été très-favorable à tous égards. Modicité de prix, bonne exécution typographique, récits intéressants, orthodoxie parfaite garantie par les approbations de l'épiscopat et du clergé : tels sont les mérites qu'on doit reconnaître à ces collections.

Celle de *Saint-Michel*, fondée et dirigée par le P. Félix, contient, à côté d'ouvrages plus relevés, beaucoup de livres populaires. La plupart des volumes de cette collection coûtent de 1 à 2 fr. en librairie ; mais comme les remises, dans les conditions les plus favorables, dépassent 30 %, on peut les obtenir en réalité à 0,70 c. au lieu de 1 fr. et à 1 fr. 40 au lieu de 2 fr. Pour comprendre comment ce bon marché peut s'allier à une exécution matérielle aussi soignée, il faut se rappeler d'abord qu'ils ont un tirage considérable, et ensuite que la Société de Saint-Michel se contente de rentrer dans ses déboursés, sans prélever aucun bénéfice.

La collection *Lefort, de Lille*, est tout entière consacrée à l'enfance et à la jeunesse ; on peut la prendre en bloc comme fond de bibliothèque. Presque tous les livres qui la composent sont à 0,75 c., soit, avec la réduction faite pour les achats en gros, 0,45 ou 0,50 c. Ce sont des in-18 de 150 à 300 pages, récits, ouvrages historiques, vies de saints, etc.

La *Société bibliographique* publie de petits ouvrages in-32 de 100 à 200 pages, généralement très-bien rédigés, qui traitent des sujets d'histoire, de politique, d'actualités. C'est à l'âge mûr qu'ils s'adressent particulièrement ; ils sont destinés à redresser les préjugés les plus répandus, à répondre aux attaques dirigées contre la religion et l'ordre social. Le prix est de 0,20 à 0,25 c. Voici les titres de quelques-uns : *Garibaldi en France,* — *Pie IX,* — *Les Sociétés secrètes,* — *Histoire de la Charité,* — *L'Instruction primaire avant la Révolution*.....

Il serait trop long de vous parler avec détail des autres collections, comme celles de Blériot, de Saint-Joseph, de Balteuweck, etc. Toutes se rapprochent, d'ailleurs, de l'un des trois types que nous avons décrits. Les ressources, sur ce point, sont immenses, très-variées et appropriées à tous les besoins. Votre Commission mettra sous les yeux des personnes que cela pourra intéresser, les indications de toute nature qu'elle a déjà recueillies. Elle sera toujours prête à renseigner sur la valeur des ouvrages qu'elle connaît, à désigner ceux qui conviennent surtout aux enfants, ceux qui peuvent être utiles et agréables aux habitants des campagnes, ceux qui s'adressent plutôt à des personnes d'une instruction assez étendue.

En ce qui concerne l'achat des livres, nous pensons, messieurs, qu'il y aura souvent un grand avantage à se servir de l'intermédiaire de la Commission, parce qu'opérant en gros et dans un but de propagande et de charité, elle obtiendra le maximum des remises plus facilement que des personnes isolées. Elle se met donc à la disposition de tous, pour les achats comme pour les renseignements.

II. — ALMANACHS ET BROCHURES, — PUBLICATIONS MENSUELLES ET HEBDOMADAIRES.

Les ressources ne sont pas moins abondantes pour les brochures que pour les journaux.

Citons en premier lieu les almanachs (de l'Apprenti, du Laboureur, etc.) qui se vendent en gros 15 centimes le numéro. Ils sont très-bien faits, et peuvent rendre de grands services, d'autant plus qu'étant gardés toute l'année ils sont naturellement lus et relus. Déjà les Conférences de Saint-Vincent de Paul s'occupent de leur distribution. Il s'agirait seulement de l'étendre davantage.

En retenant d'avance un certain nombre des almanachs que nous venons de nommer, on obtiendrait l'insertion d'articles concernant spécialement le pays, et qui, par conséquent, les rendraient plus intéressants. Observons que ces demandes doivent être faites de bonne heure, et que la distribution elle-même ne doit pas être trop différée, si l'on veut écarter les mauvaises publications en prenant les devants.

L'OEuvre des Cercles catholiques d'ouvriers édite un grand nombre de brochures de propagande, dont les prix varient depuis 25 ou 30 centimes l'exemplaire jusqu'à 7 fr. 50 c. *le mille.*

La librairie *Souyeux*, de Toulouse, met en vente tous les ans plus de deux millions de tracts, valant de 10 centimes à 1 centime le numéro, et traitant les sujets les plus variés, depuis les vies des saints et les exercices de piété jusqu'aux questions sociales et politiques, envisagées au point de vue chrétien. Beaucoup de ces tracts sont illustrés.

De nombreuses sociétés françaises et belges publient des opuscules de ce genre. Partout elles ont été encouragées par les associations catholiques, le clergé et l'épiscopat, qui ont vu dans cette œuvre un des plus puissants moyens de combattre les préjugés antireligieux. La brochure pénètre où le livre n'arriverait pas; sa brièveté, son style rapide et clair séduisent les esprits populaires; elle instruit sans fatiguer. Le Saint-Père lui-même n'en a-t-il pas proclamé l'utilité dans son discours aux pèlerins de

Rennes, en 1875 : « Oui, je bénis avec une grande effusion
« de cœur tous ceux qui donnent des secours destinés à
« la diffusion *des bons livres de peu d'étendue*, afin que le
« peuple puisse avoir entre les mains l'antidote qui le
« préserve de toutes les impiétés de la presse éhontée et
« perverse. »

Quant aux publications périodiques, elles sont surtout
représentées parmi nous par les *Annales de la Propagation
de la Foi* et le *Bulletin de l'OEuvre de la Sainte Enfance*, qui
ont conquis déjà une large place dans le diocèse. D'autres
y sont moins répandues et mériteraient pourtant de l'être,
comme les *Nouvelles Lectures pour tous*, de la maison
Souyeux ; les *Petites Lectures*, le *Bulletin mensuel de la Société
de Saint-François de Sales*, les journaux hebdomadaires
illustrés, le *Clocher*, le *Foyer*, l'*Ouvrier* (5 fr. par an), et
bien d'autres. Dans cette collection très-variée, tous les
âges et tous les états peuvent choisir un aliment approprié
à leurs besoins et à leurs goûts.

La Commission de propagande s'occupera, pour les
brochures, les almanachs et les publicaitons périodiques,
comme pour les livres, de compléter ses renseignements,
de les communiquer aux intéressés, et d'acheter pour leur
compte à prix réduit.

III. — Moyens a employer pour répandre les livres,
brochures et revues.

Nous touchons, Messieurs, à la partie la plus délicate
de notre travail, à celle où il devient le plus difficile de
formuler des principes généraux. Les ressources et l'esprit varient selon les localités, et tel procédé qui réussira
bien ici, ne donnera là que des résultats insuffisants ou nuls.
C'est à chacun d'examiner mûrement les conditions de sa

commune, et d'adopter la méthode qui peut y produire les meilleurs effets.

Cependant nous pouvons dire que le moyen le plus simple et le plus économique de fournir des livres à une population, c'est d'avoir une bibliothèque paroissiale. L'installation d'une petite bibliothèque rurale n'est ni difficile ni coûteuse, et la paroisse la plus déshéritée est en état de la créer et de l'entretenir. En effet, cent volumes sont plus que suffisants. Or, d'après les chiffres que nous vous avons soumis, on peut avoir ces cent volumes, l'un dans l'autre, pour 50 fr. et même pour moins. Quinze francs par an suffiraient amplement pour renouveler les livres usés et payer les frais de reliure. Quelle est la localité qui ne trouvera pas, si elle le veut bien, cinquante francs comme première mise de fonds, et quinze francs de souscriptions annuelles?

Quant à l'organisation matérielle et à la distribution des livres, elles n'offrent aucune difficulté. Tout ce qu'il faut, c'est une tablette à la cure, à l'école ou dans la sacristie, pour recevoir les volumes; c'est une demi-heure le dimanche, après la messe, pour reprendre ceux qui sont lus et en donner d'autres à la place. Que ce soient le curé, les frères, les sœurs ou un laïque zélé qui s'en chargent, la chose ne demande qu'un peu d'exactitude et de bonne volonté; et le bien qui peut en résulter est sans proportion avec les obstacles à vaincre.

Ce qui empêche le plus souvent d'établir ces petites bibliothèques, c'est qu'on ne sait où prendre les livres, comment les faire venir. L'intervention du Comité lèvera cet obstacle. Il guidera dans leur choix les personnes qui voudront créer une œuvre de ce genre; il fera venir les ouvrages et en moins d'un mois la bibliothèque sera prête à fonctionner.

Les localités qui possèdent déjà des bibliothèques de quelque importance pourront aussi, comme cela se pratique en d'autres pays, prêter annuellement aux paroisses voisines, un certain nombre de volumes qui seraient, l'année suivante, rendus et remplacés par d'autres, moyennant une rétribution convenue. Ce système, qui complique un peu l'administration, a l'avantage de faire circuler un plus grand nombre d'ouvrages ; mais il ne serait applicable que dans la moindre partie de nos communes, et l'organisation précédente, qui est la plus simple, semble devoir être aussi la plus répandue.

Rien n'empêchera d'ailleurs le Comité de servir d'intermédiaire aux paroisses qui voudront faire des échanges de volumes.

Tout ce que nous venons de dire s'applique uniquement aux livres. Quant aux brochures, elles sont faites, au contraire, pour être données. On ne peut guère prêter et se faire rendre des opuscules semblables, et leur faible valeur rend la distribution peu coûteuse.

Les recueils périodiques peuvent être reçus : 1° par les bibliothèques ; 2° par les personnes qui s'y abonnent isolément ; 3° par plusieurs personnes qui s'associent pour le faire, comme cela se pratique pour les *Annales de la Propagation de la Foi*. Il y aurait lieu d'examiner si l'on ne pourrait pas, avec l'approbation du clergé, joindre aux *Annales* un journal religieux illustré, comme l'*Ouvrier*, que les abonnés se feraient passer. Un supplément de cotisation en couvrirait les frais.

Indépendamment de ces moyens de publicité, il serait bon de s'entendre avec un libraire, à Aubenas et dans chacune des principales localités du bas Vivarais, pour qu'il fût constamment approvisionné des productions les plus populaires de la presse catholique. Le Comité le guiderait dans ses choix et encouragerait la vente.

IV. — JOURNAUX POLITIQUES.

Il semble d'abord, messieurs, que la différence des opinions politiques, entre catholiques, devrait rendre difficile une action commune sur le terrain de la presse quotidienne. Mais, en réalité, dans la situation présente, les dissidences relatives aux formes de gouvernement sont peu de chose, et la défense de la religion et de la société les prime de beaucoup. Nous pouvons donc, en principe, propager tout journal qui reconnaît et défend les droits de l'Eglise et de l'ordre chrétien.

Ceci établi, nous vous soumettrons les propositions suivantes :

1° Au lieu de laisser perdre, après les avoir lus, les journaux que nous recevons, les faire passer à nos subordonnés, à nos voisins, ou les remettre régulièrement à un café, à un cabaret, ce qui nous donne le droit d'en exclure les journaux irréligieux, si le propriétaire ne le faisait pas de lui-même par économie (cela ne manquerait guères);

2° Abonner d'office aux journaux conservateurs les particuliers et les établissements publics, lorsqu'il y a lieu, en leur faisant adresser soit une feuille quotidienne ou semi-quotidienne, soit une édition du dimanche, comme en ont plusieurs journaux.

Un moyen encore plus économique de faire arriver des organes conservateurs dans les campagnes, ce serait de traiter avec un journal pour l'acquisition des numéros qui lui resteraient en sus de son débit. Ils seraient envoyés deux ou trois jours après, aux adresses indiquées d'avance, et lus avec plaisir et profit par les paysans. Nos renseignements nous font croire que ce procédé nous coûterait très-peu et que plusieurs journaux s'y prêteraient volontiers.

3° Dans les petites villes et les villages où se vendent des feuilles radicales à bas prix , leur opposer des journaux religieux et conservateurs à 5 centimes. Quelques personnes de bonne volonté feraient les frais des premières expéditions et se chargeraient d'organiser la vente et de l'encourager par leur exemple. Il paraît nécessaire de choisir pour cet usage des journaux de Lyon ou du Midi, parce qu'ils nous apportent les nouvelles télégraphiques plus tôt que ceux de Paris. Nous citerons particulièrement le *Citoyen*, de Marseille; la *Petite Presse*, de Lyon (ne pas confondre avec celle de Paris), et le *Petit Régional*, qui va paraître à Avignon, tous trois à 5 centimes le numéro.

V. — RÉSUMÉ ET CONCLUSIONS.

L a Commission de propagande se chargera donc de prendre les indications nécessaires et de passer les marchés avec les éditeurs de journaux, libraires, etc. A chaque Assemblée générale elle vous rendra compte de sa gestion et recevra vos avis.

Le rôle de chaque membre du Comité est de faire connaître au clergé et aux catholiques de sa paroisse ce programme d'action et de chercher les moyens pratiques de le réaliser autour de lui; et comme le succès de cette œuvre dépend en grande partie du nombre de ceux qui y travailleront, nous devons nous efforcer de recruter des membres et des correspondants nouveaux, qui puissent, dans chaque localité, y concourir avec nous.

Il est bien clair d'ailleurs, Messieurs, que le clergé est appelé à rendre, en tout ceci, les services les plus importants. Si nous prenons pour nous la partie matérielle et extérieure de l'OEuvre, c'est lui seul qui peut lui donner l'âme et la vie; c'est à lui qu'il appartient de la faire fructifier.

C'est pourquoi, après avoir soumis ce rapport à l'autorité épiscopale, nous le présenterons par votre entremise à MM. les archiprêtres et curés de la région d'Aubenas. Il sera bon en même temps de le communiquer aux supérieurs des communautés et aux directeurs des écoles, dont la coopération nous sera très-précieuse, en raison de leur expérience particulière de ces sujets.

VI. — VOEUX ET RÉSOLUTIONS ADOPTÉS.

1° La Commission de propagande et d'enseignement, au nom du Comité, demandera à Mgr l'Évêque de Viviers des exemplaires de son mandement de carême, que les membres du Comité s'occuperont de distribuer dans leurs paroisses et les paroisses voisines. Les bibliothèques garderont chacune un exemplaire ;

2°. La Commission se tiendra constamment en rapport avec les libraires, les sociétés bibliographiques, les éditeurs de journaux catholiques. Elle se mettra au courant des publications nouvelles. Elle recueillera tous les renseignements sur la presse religieuse en général, et les communiquera au Comité et aux personnes que cela pourra intéresser ;

3° La Commission se mettra en mesure d'obtenir les meilleures conditions pécuniaires pour l'achat des livres, brochures et journaux. Elle en fera profiter les personnes qui voudront acheter dans un but de propagande ;

4° Elle correspondra avec les personnes qui s'occuperont, dans la région d'Aubenas, de la propagation des bonnes lectures. Elle s'appliquera à faciliter leur tâche ;

5° Les membres de Comité travailleront de tout leur pouvoir à organiser chez eux des bibliothèques populaires, soit fixes, soit circulantes;

6° Ils faroriseront autant que possible la diffusion des bons almanachs ;

7° Ils s'occuperont à distribuer largement les brochures ou tracts ; ils favoriseront les revues et journaux catholiques ;

8° Le Comité s'occupera aussi d'encourager le dépôt et la vente chez les libraires des divers produits de la presse religieuse ;

9° Les membres, à l'occasion, distribueront de la manière qu'ils jugeront la plus utile les journaux auxquels ils sont abonnés ;

10° Lorsqu'il y aura lieu, ils procureront des abonnements d'office aux particuliers et aux établissements publics ;

11° Ils organiseront la vente des journaux catholiques à bon marché, dans les lieux où cela sera nécessaire ;

12° Pour donner plus d'efficacité à ces mesures, ils s'efforceront d'amener au Comité de nouveaux membres et correspondants.

Lyon. — Impr. Alf. Louis Perrin et Marinet. — 6-77.